AF440137

BAZAR

ExLibric

JORGE A. FREIRE

BAZAR

EXLIBRIC
ANTEQUERA 2021

JORGE A. FREIRE

BAZAR

*Quiero dedicar este poemario que cierra una trilogía
con vocación de cuarteto a mi familia, pequeña y mermada, que
me otorgó los instrumentos necesarios para ser lo que soy, haciendo el
menor daño posible a aquellas geometrías variables
que actúan fuera de mi entorno y en especial a mis padres,
ya nombrados en otras ocasiones, pero siempre queridos.*

*A mi hermana, ente como yo de vocaciones tardías, que suple con
entusiasmo ese tiempo que llamamos perdido y que solo
es un periodo de aprendizaje.*

*También a otras presencias ausentes cuyos rasgos se empiezan
a difuminar sin que pueda explicarme entonces por qué aún siento
pinchazos en el alma cuando las evoco preguntándome si los flujos de
conciencia son carreteras de sentido único o pavorosas autopistas donde
extraviarse para siempre.*

*Y a todos los que cuelgan con orgullo la etiqueta con su oferta,
esperando demandas que merezcan la pena.*

BON VOYAGE

Bon voyage, mon amour,
sin orquestas,
ni Mondragones,
que qué bonita es la distancia,
si no está entre nosotros,
y no me apena la tristeza
de las maletas perdidas,
que hallarán otro horizonte
cuando menos se lo esperen,
que tendrán sus etiquetas,
y eso solo es un lastre,
que es preciso soltar,
porque yo no quiero un nombre,
si no me saben nombrar,
y yo prefiero dar vueltas
por tiovivos sin sentido,
por rotondas sin salida,
sin revueltas anunciadas.
Buen viaje a cualquiera de tus lunas,
con anillos o sin ellos,
que los compromisos son boas
que no dejan de apretar,
y después, si nos dejamos,
ya no saben qué comer,
y eso es algo muy triste
que no pienso consentir.

Otra cosa es tu albedrío,
que con eso no me meto,
porque sé que voy a perder,
y aunque me agrade ganar,
no acabo de acostumbrarme
y prefiero mi esquinita,
donde sopla un viento suave
que no quiere despeinarme.
Buen viaje, mi amor,
que tal vez no regresemos
a la tierra prometida,
y ni falta que nos hace,
si aquí no estamos tan mal,
aunque no nos encontremos,
que la casa es muy grande
y no tenemos que escondernos,
porque hay puertas, que aun con llave,
no se quieren abrir.

FORAJIDOS

Todos somos forajidos
con máscaras a capricho,
con los dientes dibujados,
que los tiempos han cambiado,
y en eso estamos de acuerdo
tanto herejes como brujas,
que aún quedan Torquemadas
y hay hogueras para todos
y no tantos bomberos,
que ellos tienen sus turnos
y también sus ansiedades,
y también se deprimen
cuando se extinguen las llamas.
Todos somos forajidos
y defendemos con saña
cada cosa aprendida,
cada consejo desoído,
cada brisa equivocada,
y que nadie nos reclame,
que eso es causa de contagio,
y hasta aquí hemos llegado,
y después, como Pilatos,
nos lavamos las manos.
Antes era cosa de chiste
y ahora de formulario,
que si lo pone en el BOE,

lo tomamos como mantra
y lo llevamos a cabo
con los medios al alcance,
con falta de previsiones,
con su tardanza latina,
que los paisajes retratan
y las costas condicionan,
que cada cosa depende del color
con que la miras,
y después los cronistas
te lo cuentan a su modo,
y si te gusta, lo lees,
o si no, ya te lo chivan.
Otra cosa es que lo creas,
que es otra forma de orgasmo,
sin tener que estar activo.
Todos somos forajidos,
cada cual en su rellano,
cada uno con quien puede,
que si se te va la mano,
que tengas un buen letrado,
y si te has pasado mucho,
te aplican el tercer grado,
y ya duermes en tu casa,
que a lo mejor es la cárcel
de la que habías escapado.
Todos somos forajidos,
y los jueces van despacio
y a ti no te importa tanto

si ya tienes lo que esperas;
que la vida no es tan corta,
ni tan larga tu agonía;
que si esperas suficiente,
también te acabas cansando,
y si lo consigues pronto,
no tendría tanto valor.

BAZAR

Ayer me pusieron a la venta
en la tienda de la esquina,
en el estante de arriba,
y por mucho que ocupaba,
nadie podía verme,
y pasé el día viendo desfilar gente,
que se sabía mi nombre,
pero no me miraba.
En unos años rebajarán el precio,
pero ya seré otro producto,
más viejo;
más pequeño no,
aunque pudiera parecerlo.
Si espero lo suficiente
y las crisis lo permiten,
ya sería una antigualla,
y eso tiene otro valor
que es difícil precisar.
Si me compras algún día,
que sepas que si no supe amar,
por lo menos, lo intenté,
y que guardo en mi etiqueta tu fotografía,
que aunque esté en color sepia,
sigue contando lo mismo.

EL HOMBRE ELEFANTE

Soy el hombre elefante,
sin almohadas suficientes,
sin su barraca mugrienta,
sin entrada que me precie,
ni guionista que me escriba.
Busco pares concluyentes,
palomitas sin maíz,
campos en barbecho,
cargas soportables,
médicos que me atiendan
sin temor a los contagios,
confesiones de despecho.
Soy el hombre elefante,
el cabeza de cartel,
mariposa despiadada,
habitando estómagos sin hambre;
mamífero compatible,
que huye de regentes
con escopetas cargadas,
de suturas acordadas,
de campos concentrados,
de risas justificadas.

LA GENTE IMPORTANTE

La gente importante no aprueba presupuestos,
ni se tira los trastos en escaños necios,
ni tertulia sobre regentes huidos,
ni amantes revenidos.
La gente importante te visita si estás solo,
te ayuda a cruzar la calle,
te da indicaciones,
te llama cuando los demás te olvidan,
te coge de la mano si agonizas,
llora tu pérdida.
La gente importante no hace estadísticas,
ni convierte en un número lo que te importa.
La gente importante te mira a los ojos,
no les importa llorar, aunque la mires,
escucha cuando hablas,
sabe tu nombre y sabe nombrarlo.
La gente importante no necesita casas grandes,
duerme en camas compartidas,
te deja hueco,
no respira fuerte para no robar tu aliento,
no hace ruido al despertar,
y si faltas, lo lamenta.
La gente importante no estudia ingenierías,
prefiere anatomías,
para saberte tocar,
para dar con las teclas,

que te hagan vibrar.
Lo demás es accesorio
y lo pone en los grafitis,
que otros deben borrar;
que no importa tu rostro,
si reconocen tu obra.
La gente importante no reserva mesa,
se sabe bien recibida,
no alza la voz,
camina de puntillas,
se calla a tiempo,
se pone la mascarilla,
no besa anillos,
no mea fuera del tiesto.
La gente importante asume riesgos,
acepta culpas,
vive al día,
pide perdón.

FANTASMA

Yo no quiero ser fantasma,
si no impongo condiciones,
si no elijo los pasillos
que conduzcan a tu alma.
Yo no quiero ser fantasma,
ni habitar en tus desvanes,
que después cuando te duermes,
no distingo mis contornos,
y eso es lo que más me duele,
que si no cierras los ojos,
ya no te acuerdas de mí.
Yo no quiero ser fantasma,
ni tener sábanas blancas,
ni cadenas arrastrando,
ni una tumba a mi nombre,
tan llena de flores secas,
que pretendan retirarlas.
Yo no quiero ser fantasma,
para volver a estar solo,
que si lo sé, no me muero,
y si espero tres días,
igual me resucitan,
aunque no me queden fotos,
ni haya signos de violencia,
ni tampoco me apetezca,
que nada es lo que parece,

ni lo que hubieras querido,
pero no pidas milagros,
si antes no los has pagado.

ALGÚN DÍA SE HABLARÁ DE MÍ

Algún día se hablará de mí,
y entonces ya será tarde,
pero no sé para quién,
ni lo pienso preguntar,
que saber demasiado
solo conduce a los acantilados
que quisiste visitar,
que eran demasiado bajos
para tus expectativas,
y por eso no saltaste,
y porque no había nadie grabando,
y entonces, ¿para qué?
Algún día se hablará de mí
y seré famoso,
y si me buscas en Google,
tendré tantas entradas
como las que luzco ahora,
que tienen sus salidas
y sus vistas al mar,
desde el que lanzo la botella,
que tu mar me devuelve dos veces cada día,
y eso es cosa de la luna,
que me da la espalda,
aunque me muestre su cara.

Algún día se hablará de mí,
pero yo no quiero hacer daño,
ni causar temor,
ni estragos,
ni resquemores,
ni estar en el momento justo
en el lugar equivocado,
ni ocupar telediarios.
Prefiero esas portadas que nadie quiere leer,
que pasan desapercibidas,
que reciclan algunos,
que envuelven las cosas delicadas,
que no empapan tus lágrimas
en las mudanzas obligadas,
que después alguien estira
y aún les queda otra vida.
Algún día se hablará de mí
y tendré mi marco,
¿por qué no mi estatua?,
que otros derribarán,
que es otra manera de estar de actualidad,
que cuanto más nieva,
más grande será el deshielo,
y con tanta agua se entristecen los alcoholes,
se emborracha menos gente,
les da por pensar,
y es lo que hay que evitar.
Algún día se hablará de mí,
pero no será hoy,

ni mañana.
Tal vez en otra ocasión,
con más público,
sin tanta silla triste
que nadie puede ocupar.

DECLARACIÓN DE INTENCIONES

No quiero disculparme por hacer
lo que creo que debo,
aunque alargue mi condena,
aunque alimente mi insomnio.
Si tengo que morir contra esa roca,
que sea esa roca,
otra no me vale,
que para sucedáneos,
ya tengo la vida,
que mitiga esas bestias
que mantengo a raya,
pero por poco tiempo,
porque pugnan por salir,
lo justo para escapar
por el quicio de tu puerta,
a otro mundo paralelo
del que no regresaré,
porque ya tengo mi clon,
y no se parece a mí.
Eso es lo que soy.
No me pidas, por favor,
lo que no me atrevo a ser.

PORCENTAJES

Los porcentajes suelen mentir,
como los amantes,
como las facturas,
como las estadísticas,
porque la mentira es dinámica
y los humanos estáticos,
y en eso consiste el juego,
en separar con una barra los ceros,
y después redactar informes
que te cuenten entre líneas
cuál es tu parte de culpa
y buscar maneras de mirar para otro lado,
de esquivar las balas que llevan tu nombre
y descansar en literas barridas por tu viento.
Los porcentajes son amigos de las bombas,
porque caen en cualquier sitio,
caminan de la mano de los látigos
que rasgan vestiduras
y buscan aliados en libros de cuentas,
en balances asexuados,
de notarios vendidos al mejor postor,
que esto es una subasta y a eso hemos venido.
Los porcentajes no beben alcohol,
pero te chupan la sangre,
buscan culpables,
puertas mal cerradas,

cansancios,
vías de escape,
y te dan ventaja,
pero no la aprovechas,
y cuando el tiempo pasa,
y pasas revista,
las cosas ya han cambiado,
y lo que ayer te valía,
hoy ya es cosa del pasado.
Los porcentajes son eso,
te lo dijeron mil veces,
ni te valen como excusa,
ni te llenan la nevera,
ni te barren los portales.

TELEFONÍAS

Yo no quiero ser esclavo
de nuevas tecnologías,
ni de puntos G,
ni de lo que ya estaba antes,
ni de lo que vendrá después,
que si con tres no podía,
que no me pongan más condena
de la que puedo cumplir.
Yo quiero librarme de ese trasto
que se me pega a las manos,
que me oculta lo que quiero
y me muestra lo que odio,
y aun así lo busco en los bolsillos sin fondo
de mis parcas decisiones,
que pies, para qué os quiero,
si camino sin pensarlo,
agarrado a los pliegues sin arrugas
de promesas no cumplidas;
si comulgo con ruedas sin molino,
sin haberme arrepentido,
sin saber ni lo que digo,
y a día de hoy aún me escuchan,
porque tengo alma de tótem,
y los pies planos de los que no quieren huir,
porque no corren deprisa,
ni sabemos mentir bien.

Yo no quiero ni que suban las tarifas,
ni pedir más prestaciones,
ni más velocidades,
ni unidades de medida
que no sepa interpretar;
que ni me sobra ni me basta,
si no sé ni lo que quiero,
mucho menos lo que debo;
que si no pagué mis deudas,
no fue por mal pagador,
fue por pensar a destiempo,
por no acoplar mis palabras
a las curvas de mi boca,
por tensar tanto las cuerdas
de los arcos no comprados;
que sin flechas no hay diana,
y sin Diana no hay premio.

POR LAS MAÑANAS

Por las mañanas
me sorprendo de estar vivo,
por tener aún el aliento
que precisa despertar,
por conservar los latidos
que preferí no ahorrar
en diásporas ajenas,
en ajenas convenciones,
en convenciones eternas
que no casaban conmigo,
y por eso no pronuncié el sí quiero,
porque no estoy seguro
de quererme ni a mí mismo,
y nadie regala anillos
a quien no sabe contar,
ni siquiera con los dedos,
que las sumas nunca cuadran,
si no tienes la intención.
Por las mañanas
me seducen suelos fríos
que me alejen de la noche,
y las noches son abismos a cruzar
tan descalzo como un niño,
tan hambriento como un pobre,
tan pobre como los ricos,
que creen tenerlo todo,

y a lo mejor es verdad.
Por las mañanas
ya no rezo por nadie,
solo tomo aire,
para poder aguantar.

¿Y SI TODO FUERA UN SUEÑO?

¿Y si todo fuera un sueño,
y no hay nada que temer,
que tú no te hubieras ido,
conservara mi trabajo,
que la casa fuera mía
y mis amigos aliados?
¿Y si esta mascarilla
fuera cosa de Halloween,
solo una noche al año,
en que somos tan tontos
que vestimos realidades
y lo llamamos disfraces?
¿Y si fuera todo un sueño,
y este virus de mierda
fuera cosa de un guionista,
tan pasado de vueltas,
que le compran desvaríos
y luego salen rentables?
¿Y si todo fuera un sueño,
y no me quiero ir a dormir,
por si acaso me despierto
y me acostumbro a tu ausencia?

POR SUPUESTO, SIN PERMISO

Para qué voy a pedir algo
si me lo van a negar.
Prefiero cogerlo yo,
por supuesto, sin permiso,
como si fuera tan fácil,
que la vida es puro plagio
y yo también hago homenajes,
que lo que tú ya has pensado
otros lo han pensado antes,
y no te creas original,
solo reiterativo,
que para el caso es lo mismo,
con matices adecuados.
No te hagas preguntas,
si no buscas respuestas,
que la sabiduría cotiza a la baja,
y si quieres pagar deudas,
es mejor andar escaso de efectivo,
que se rompen los bolsillos
y las piernas si no pagas,
y si miras a los ojos,
ya no puedes ser sicario,
y eso sí que me da pena,
porque está muy bien pagado

y no llego a fin de mes.
No me acuses de adulterio,
si aún no estamos casados,
y será solo un papel,
pero eso es lo que vale,
que la palabra se ha muerto,
y aún nadie la ha velado,
ni siquiera lo han notado,
y se marchó de puntillas,
a su tierra prometida.
No me cojas de la mano,
si no te has desinfectado;
déjame caminar solo
a donde lleve el destino,
que yo no quiero saberlo,
que los viajes dan pereza,
las maletas condicionan
y los besos, si no duelen,
es que no son de verdad.

TODAS LAS FLORES DEL MUNDO

Todas las flores del mundo
viven en campos yermos,
que nadie quiere cultivar,
y sueñan sus floraciones,
y con abejas que liban,
huérfanas de estaciones,
tan cerca de su extinción,
que prefieren no nacer.
Todas las flores del mundo,
habitan en los jarrones
que perdimos en trincheras,
que ya no manchan de barro,
más que a aquellos corazones
que dejaron de latir,
pero que aún lanzan señales,
por si acaso se reciben,
y eso es cosa del futuro,
que ya está tan de vuelta
que se ha echado a dormir,
esperando un buen beso
que le quiera despertar.
Todas las flores del mundo agonizan,
extirpadas de sus tallos,
en habitaciones grandes,

en hospitales asépticos,
en diáfanas recepciones,
junto a ataúdes brillantes,
en múltiples infusiones,
en recipientes pequeños,
en algunos ojales.
Todas las flores del mundo
tienen sus nombres latinos,
sus amantes,
sus detractores,
sus transfusiones,
sus ratos buenos,
sus besos a medias,
sus abandonos.

NO VOY A RENDIR HONORES

No voy a rendir honores
a quien no casa conmigo.
No dispararé salvas a un cielo inocente,
aunque no me esté esperando,
ni me gustan las banderas
sobre maderas prensadas.
Yo quiero un himno insurrecto,
para poder sublevarme,
humo rosa de confeti,
globos viudos buscando
pareja en cielos virtuales,
tan borrachos de helio
que no puedan sostenerse
con sus ansias limitadas,
con sus barrigas hinchadas,
con su voz tan aflautada
que no parezca la mía.
No me canso de decirte
que una vez fuiste mi amiga,
que recuerdo aquellos tiempos
como si fueran los míos,
que ahora, solo si me aprietas,
confesaré mis pecados,
pero prefiero el silencio,

que me guarda sus espacios,
que si está dicharachero,
sigue siendo muy discreto,
y eso es lo que más me gusta,
que si alguna vez me muero,
no acudirás a mi entierro,
y eso que llevo ganado,
porque no quiero invitarte,
para que me sueñes vivo,
para que notes mi ausencia,
como yo siento la tuya,
tan discreto como nunca,
tan Cyrano como siempre.

QUE NOS PONGAN DONDE QUIERAN

Que nos pongan donde quieran,
pero que luzca bonito,
que si nos están jodiendo,
al menos lucir palmito.
Me sepultan burocracias,
no resuelvo crucigramas,
me enredo con los cordeles
que definen cuadriláteros,
y entre tanta pelea,
no hay descanso posible,
ni toalla que tirar,
ni campana que me salve,
ni su cuenta hacia atrás,
ni su público entregado,
y si pierdo los papeles,
tendré que empezar de nuevo,
y me da tanta pereza,
que si me mudo de barrio,
no habrá nada diferente,
y ya me cambié de nombre,
pero sigo siendo el mismo.
Yo me quiero dar de baja,
pero no me sé los pasos,
y por mucho que lo intento,

no me alfombran el camino,
y relleno formularios,
y me cansan sus casillas.
Que nos pongan donde quieran,
que yo no sé de diseño,
y allá donde me coloquen
seré parte del paisaje,
e igual con el tiempo,
hasta hecho mis raíces
y me confunden contigo,
y entrelazamos las ramas,
y te sirven de abrigo,
y después viene el calor,
y cada uno a lo suyo.
Que nos pongan donde quieran,
pero que sea cuanto antes,
que yo sé de esperas
y no me falta paciencia,
pero no encuentro la sala,
y vago como un fantasma
por esas calles vacías,
que una vez nos acogieron,
que ahora nos piden visado
y permiso de trabajo,
que se acogieron a un erte
y perdieron su expediente,
y que viven de limosnas
y barrenderos amables.
Que nos pongan donde quieran,

pero con nuestra etiqueta,
con sus caducidades,
con su código de barras bravas,
con la melodía acorde,
con su lista de alérgenos,
que si después te da reacción,
que sea decisión tuya,
y después, cuando haga un año,
que celebres tu efeméride.

ME ENAMORO DE TODO

Me enamoro de todo,
y qué cosa tan estúpida,
estar siempre tan colgado
de los asuntos más nimios,
de la ropa por tender,
de los balcones vacíos,
porque no suele ser recíproco,
y eso desgasta lo suyo.
Me enamoro de todo,
de los ojos que no ven,
de corazones lejanos,
de las dentaduras blancas,
de rendiciones sin condiciones,
de los programas de radio,
de las voces sin rostro
que nunca decepcionan,
de las pistolas vacías,
de anuarios sin calendarios,
de los hielos derretidos,
de los vasos vacíos,
de besar tantas bocas
sin poderlas elegir.
Me enamoro de todo,
que el odio sí que es cansado,
y por eso no me entrego,
que ando escaso de fuerzas,

que si me dan a escoger,
yo prefiero los ósculos,
los dedos entrelazados,
los abrazos sentidos,
los cariños,
el silencio que tiendo a romper,
que no me sé estar callado,
y eso enarbola banderas
que no sé reconocer,
que no comulgo con ellas,
pero que si hace frío,
te pueden proteger,
y no es cosa de telas,
pero sí de los calores,
que el arco iris vive de lluvias y soles,
y por eso es tan feliz,
mostrando su mitad,
ocultando la otra,
para que en tu soledad
lo puedas imaginar.
Me enamoro de todo,
incluso de ti,
si te conozco suficiente,
que el tiempo es tan relativo,
que nadie le puede entender,
y por eso va deprisa,
que si se para en las esquinas,
luego no puede arrancar,
y si te he visto, no me acuerdo,

y si me acuerdo, no lo digo,
y si lo digo, es para mí,
que me asustan los susurros
que me suelen despertar.

TEMPOREROS

Temporeros de la mugre y el desatino,
que gritáis vuestras soflamas
desde púlpitos vacíos;
que tenéis en vuestros rostros
el estigma del bandido;
que lleváis la mascarilla
como si fuera un bozal.
Temporeros a destiempo,
que se pegan a su asiento,
que se paga con tu esfuerzo,
que no renuncian a nada,
que votan con dedos rotos,
que no se quedan con hambre,
que se saben impolutos,
tan llenos de odio
como ausentes de mensaje,
que no puedo distinguiros,
que me disculpen los collares,
que me condonen los perros,
que no es cosa de pelajes,
solo de piratas,
que no se sienten a gusto,
si no tienen su abordaje.
Temporeros cada cuatro años,
sin mociones de censura,
con tránsfugas,

sin alianzas,
con besos de Judas,
con treinta monedas falsas,
con que pagar al barquero,
que mira para otro lado,
porque él también lleva su parte,
y si yo pago mis deudas,
no me importa lo que hagas,
si, total, yo voto en blanco
y en mi casilla vacía,
tú ya pones lo que quieres.
Temporeros sin uva que pisar,
sin invernadero,
sin huida ni extinción,
sin la fruta recogida,
que si acomete la escarcha,
a mí me pilla a cubierto,
y les guardan dos leones,
tan hartos de ver sus caras
que se han echado a dormir.

NO HACE TANTO DE ESO

No hace tanto de eso,
y parece que fue ayer,
pero hoy ya es mañana,
y por eso no me fían,
que lo que hice entonces
forma parte de mi historia,
y ese es otro terreno,
en el que, si sabía moverme,
ahora mismo no me acuerdo,
y de los que me conocieron,
ya casi nadie me queda,
y me quedé sin testigos,
casi casi sin amigos,
pero no se está tan mal tan solo,
si es que sabes perdonarte
y aceptas las penitencias,
que otros, con más pecados,
han tratado de imponerte,
y ahora parto de cero,
pero yo no tengo miedo,
que las encrucijadas,
no se saben los caminos
y andan siempre tan perdidas,
que precisan tu consuelo,
y aún me quedan abrazos
para quien los necesite,

y aunque jamás me los pidas,
aun así te los daría,
que una vez diste calor,
y ahora siempre tengo frío,
y no hace tanto de eso,
y parece que fue ayer.

Menos es nada

Menos es nada,
y yo sé que quien dijera eso
no llegaba a fin de mes,
a veces ni a su principio,
y para eso está febrero,
que es más corto, aunque lo alarguen,
y hay comida para todos,
pero eso no interesa,
que los cuerpos sin alimento
también son un buen abono,
pero mucho más barato,
y mientras viven,
son buenos trabajadores
y mantienen disciplina,
y les sostienen temores,
y es lo que quieren patrones,
que con lo que se ahorran
agasajan meretrices,
se compran mejores vistas,
las guindas de sus pasteles,
mausoleos a su nombre.
Menos es nada,
y no suele ser verdad,
que la nada es una niebla,
y el menos la certeza,
que se acuesta con su axioma

y no tienen descendencia.
Menos es nada,
y yo lo dije una vez,
y tampoco me creí,
y ando siempre con la duda
de si tampoco esta vez
ha llegado mi momento.

Rezos

¿A dónde van los rezos de la gente?
¿En qué almacén se guardan?
¿Quién tiene acceso a esa información?
¿Qué código binario lo interpreta?
¿Quién lo gestiona?
¿Para qué vale tanta súplica,
tanta esperanza,
tanta petición,
si al final en el sorteo
siempre ganan los mismos,
que solo rezan por costumbre
y no piden por tener,
solo para tener más?
¿Quién reparte caramelos,
con caries, sin envoltorio,
sin anestesia ni sabor?
¿Quién decide lo que se concede?
¿Quién lo que se niega?
¿Quién llega a lo más alto?
¿Quién se queda en el camino?
¿Qué más da cómo se llame tu dios,
si al final no te escucha,
o no puede con tanto,
o tiene que decidir,
y uno tiene que comer,
o no existe,

o no le importas una mierda,
o solo es un funcionario,
con sus pagas,
sus moscosos,
sus vacaciones,
sus descansos,
sus horarios,
su pausa para fumar,
con su pareja en el paro,
con sus hijos a dos velas,
con la cartilla en la mano
y los abuelos en guardia?
¿A qué paraíso te has hecho acreedor,
si no has cumplido los plazos,
si no te queda pensión,
si lo has perdido todo,
apostando al caballo perdedor,
si te cierran el arca,
si te falta una costilla
y ya no sabes flotar,
si la costa está tan lejos
que ya no quieres mirar?

DERECHO DE PERNADA

Si te crees un rey,
o formas parte de una manada,
no habrá quien te tosa,
y eso que llevas ganado,
tienes derecho de pernada,
y entrada libre,
y barra desatada,
y las mejores vistas,
y faldas levantadas,
y condones por la gorra,
aunque no los necesites,
ni mucho menos los uses,
que se trata de dejar huella,
y si puedes,
descendencia,
aunque no la reconozcas,
para que puedan seguirte,
y después, cuando te sacies,
alguien limpiará tu rastro,
puede que tu abogado,
si le pagas lo bastante,
que por eso tienes sangre azul
corriendo por tus venas,
sin saber que eres daltónico,
imbécil, misógino, triste,
patético, trasnochado,

y que conste que esto último
también lo soy yo,
pero yo respeto los tiempos,
los acuerdos,
los deseos,
las tentaciones,
los cuerpos,
las distancias,
mis creencias,
las tuyas,
y eso es lo que más cuesta,
y por eso no me respetan,
que si no medras,
no te tienen en cuenta,
y te come la mierda,
que no sabe tan mal
si lo piensas suficiente,
que una cosa es ser práctico
y otra ser coherente,
y puestos a no ser nadie,
es mejor ser tú mismo,
que ni cotiza ni compensa,
pero esa es mi decisión,
y prefiero ser plebeyo,
con mi diezmo asignado,
con mi cola del paro,
con mi fin de mes a mediados.

Es mejor huir

Es mejor huir,
escapar de cautiverios,
olvidarse de Guantánamos,
de candados enfadados con sus llaves,
de prisioneros que desprecian los indultos,
de versículos que no caben en las biblias,
de hipotecas que no se pueden pagar,
acostumbrarse a las deudas,
aceptar las rendiciones,
considerarlas rutinas,
convertirlas en amigas,
que si has de vivir con ellas,
es preferible ser su aliado,
y desde esta atalaya
planificar la huida,
convertirse en Papillon,
transmutarse en Alcatraz,
huérfano de isla,
tan lejos de su bahía
que no quiera San Franciscos.
Es mejor huir,
y que sea lo que Dios quiera,
el tuyo o el de cualquiera,
que con tanta religión,
uno ya no sabe nada,
mucho menos a quién reza,

que total, nos da lo mismo,
si no nos hacen ni caso,
y es mejor así,
que puestos a pedir cosas,
que no sean para nosotros.
Es mejor huir
a la habitación de al lado,
que si cuentan hasta tres,
no te da tiempo a esconderte,
y prefiero dar la cara,
que me pillen in fraganti,
con las manos en la masa,
con la mirada en otros ojos,
que si tengo que mirar,
prefiero que sea de frente,
que después, cuando me entierren,
ya me cerrarán los míos,
pero ya no es mi problema.
Es mejor huir,
que yo no sé de fronteras,
ni me interesan los puntos
que configuran las líneas,
que yo nací aquí,
sólo por casualidad,
y que elija la tierra si me quiere acoger,
y si no, tal día hará un año,
y tal vez yo no esté aquí,
pero no tiene importancia.
Pero sepan que estuve,

que no me metí con nadie,
que preferí quedarme,
pero no fue por deseo,
sino por falta de agallas.

INCENDIOS

Los incendios no son cosa del verano,
sino de la estupidez de los que empiezan calores
que no quieren extinguir,
que arrojan colillas vivas por ventanillas cómplices,
que queman rastrojos enfadados con los vientos,
que inauguran barbacoas en días sin lluvia,
que queman por encargo,
por frío existencial,
por falta de luces, que no de llamas,
por hartazgo, por envidias,
por costumbre, porque sí,
que expelen los humos que no pueden contener,
que calcinan cunetas, bosques,
construcciones;
que coleccionan llantos,
sirenas, de las de tierra firme,
de colores variados,
de distintos uniformes,
de diferentes sonidos,
que no aguardan marineros,
solo camiones cisterna,
aviones preñados,
marsupiales helicópteros,
retenes desatados,
para finiquitar cenizas,
rescoldos, noticias, siniestros.

Los incendios no se acaban de apagar,
porque guardan la memoria de las cosas muertas,
de las aves fénix,
y celebran efemérides,
para no olvidar que una vez ardieron,
que se puede repetir,
y no son las mismas llamas,
pero sí el mismo infierno,
que de tantos círculos
se ha quedado en nada,
conviviendo con nosotros,
sin Dante que le contemple,
ni Da Vinci que nos salve,
que todo es renacer,
para volver a morir.

KARMA

¿Qué tendrá el karma que todo lo iguala,
aunque no sea tu culpa,
aunque purgues por pecados
que tal vez fueran de otros,
que si eres balanza, eso no te importa,
y si eres pesa, cumples tu función?
Otra cosa es ser juez,
que esos sí que han estudiado,
y por eso te condenan
y duermen a pierna suelta,
que no sé qué significa,
pero tiene buena pinta.
Dicen que el karma te persigue,
pero no estoy tan seguro
de quién persigue a quién,
que los círculos empiezan,
pero no saben acabar,
y por eso, aunque estudien,
suspenden su geometría
y están condenados a empezar de nuevo,
que otra cosa es ser cuadrado,
que con sus cuatro lados,
al menos saben contar.
Si visitas mi tumba algún día,
no interpretes mi epitafio,
que el sí que sabe mentir,

y por eso yo estoy muerto
y otros cuentan mis hazañas;
que si no supe vivir,
al menos sabía escribir,
y aunque valga de poco,
otros te pueden leer,
y las piezas en su sitio no es un tetris,
sino una sinfonía,
que a veces suena bien,
otras desafinada,
y a veces es el silencio lo que más te llena,
aunque te quedes con hambre,
y de eso no quiero hablar,
por si me como las letras
y no las sé digerir,
y forman otras palabras
que no son mi realidad.
¿Qué tendrá el karma que a todos interesa,
y a todos les da igual,
que si te pilla dormido, no te sabe despertar,
y si le esperas, se hace de rogar;
que no le gusta el colchón,
pero se tumba a tu lado
y te susurra canciones
que no debes recordar?

A SANGRE FRÍA

A sangre fría rugen los motores,
que aún no han arrancado,
que con la cosa del invierno
todo va más despacio,
y anochece bien pronto,
y si no tomas precauciones,
se te hielan las pelotas,
y no es por testosterona,
es por el cambio climático,
que derrite los polos,
que te quita la casa,
que te echa del trabajo,
sin indemnización,
ni decoro,
ni caja para mis cosas;
que los recursos humanos
son cosa de alienígenas,
que cuando dicen tu nombre,
ya no te queda nada,
y en tu espacio interior
nadie puede oír tus gritos,
y si agonizas en la calle,
todos pasan de largo,
que eso es teatro
y ahora está restringido.
A sangre fría se dictan las sentencias

que te quitan la custodia,
puede que con razón,
y no hace falta ser padres,
que te acortan los plazos,
que te llevan a prisión,
sin salida por la tienda de regalos;
que ese grafiti no es mío,
aunque me manche las manos,
aunque lo tapen mañana,
porque me han visto la cara,
y eso no le pasa a Bansky.
A sangre fría se escriben los renglones torcidos
de los dioses menores,
y nadie te echa un Capote,
que no es asunto de cuernos,
que cada cual a lo suyo,
y si con lo mío no puedo,
mucho menos con lo tuyo,
que luego los escritores
lo cuentan a su manera,
y pocos cogen un libro,
pero muchos la pistola,
y si no quedan asientos,
tampoco acomodadores,
que se fueron con lo puesto
a paraísos fiscales,
donde trabajan de botones,
para el que quiera pagarles,
la mayoría matones,

todos ellos sin escrúpulos,
que la vida son dos días y me llevo tres,
que en mi cuarto yo descanso,
solo si echas la llave,
y no habrá quinto malo,
pero a mí me lo parece.
A sangra fría te encontré por la calle,
y me dejaste tirado
sobre un charco de tu sangre,
que yo no derramé,
pero me gusta lamerla,
y aunque me sepa a metálico,
sigue siendo de tu cuerpo.
A sangre fría me agarro a los teléfonos,
que los carga el diablo,
que me hablan de mi ausencia,
y por eso gustan tanto,
que si me quedo dormido,
otro timbre me despierte.

MI CASA VACÍA

He tenido tantas casas
que conozco caracoles convertidos en babosas,
ermitaños sin cangrejo,
ciegos girasoles,
vagabundos sin complejos,
y me hablaban sus paredes,
que ahora saben otro idioma,
cualquiera menos el mío,
con sus geometrías de cuadros ausentes,
con arañazos de muebles,
apegados a sus huecos,
que no se querían marchar,
pero siguieron mis pasos
y ahora habitan vertederos,
e intercambiamos postales,
cada uno por su lado,
y ya no quiero mudanzas,
sólo busco ese rincón,
donde pintar Altamiras,
donde echar mis raíces,
donde cantar si me faltas,
donde llorar de alegría,
donde cocinar tristezas,
que si a ti te saben bien,
ya cocino para alguien,
y ese es mi mayor deseo,

y eso es a lo que me agarro;
que si me ato a tu suelo,
nadie pueda desahuciarme,
que me envíen policías,
que me visiten doncellas,
que por mucho que me busquen,
no querré nada con ellas,
que yo te quiero a ti,
aunque no sepa tu nombre,
aunque seas de otra galaxia,
aunque tal vez no te encuentre,
y quedarme para siempre
entre mis cuatro paredes,
y tener quien me sostenga
y quien sepa consolarme,
y no tener que marcharme,
que con las casas vacías
también se vacía mi alma,
y yo reservo mis fuerzas,
para poder abrazarte.

NO QUIERO ABRIR LA BOCA

No quiero abrir la boca,
y no es por las moscas.
Es porque si soy pez, me muero,
y si humano, me condeno,
y porque se me van las fuerzas,
esas que creo tener
y me faltan cada día.
No quiero abrir la boca
y decir lo que no debo,
y llenar esos espacios
que deben estar vacíos,
que así deben quedarse,
y no lo dictan las normas,
ni siquiera la cordura,
que esa va por otro lado,
y a mí ya no me interesa,
que ya sé lo que me ofrece
y no me agradan sus gustos.
No quiero abrir la boca,
mucho menos en invierno,
y no es por temperaturas,
sino por las consecuencias,
que si llaman a tu puerta,
no puedes dejar de abrirlas,
y después, si ya están dentro,
ya no hay manera de echarlas,

y con las convivencias
no se debe bromear.
No quiero abrir la boca,
aunque creo que ya lo hice,
y desde entonces no devuelves mis correos,
no respondes a llamadas,
te olvidaste de mi nombre,
y la noche no se acaba.

LA OSCURIDAD

La oscuridad y la luz no son tan diferentes,
son opuestos,
con lo que eso une,
y por eso los imanes se repelen,
aunque sean hermanos,
o tal vez por eso,
y las luciérnagas se agrupan sin conocerse.
La oscuridad se conoce los contornos,
y no precisa atardeceres para sentirse realizada,
que ella marca los tiempos y los demás los seguimos;
que los corderos, si están juntos, son rebaño,
y si sueltos, la comida;
que una estrella no hace cielo,
y muchas un firmamento.
Y por esas diferencias,
que captan los cansancios,
no nos conocimos,
pero sí nos separamos,
y yo no sé de tu luz,
pero me falta la mía,
y con eso me despierto,
aunque no llego a acostarme,
y por eso soy insomne,
y le niego a mis párpados
lo que anhela mi conciencia.
La oscuridad no deja marcas,

mucho menos cicatrices,
pero recorre tus venas,
y agarrota tus tendones,
y si quieres caminar,
no te ofrece concesiones.
La oscuridad no precisa estadísticas,
ni cálculos aproximados,
ni sospechas infundadas,
ni coches bomba,
ni daños colaterales.
Se te acerca en una esquina,
te susurra al oído
y luego vive contigo,
y no puedes echarla,
porque tiene su contrato
y pasta para pagarte,
y sus amigos matones,
y su discurso atractivo.
La oscuridad tiene mil nombres
y un solo cometido.
No te ofrezcas como blanco,
que no suele fallar.
Y lo demás son canciones.

MI NOMBRE EN UNA CALLE

Yo quiero mi nombre en una calle,
para llenarme la boca,
para temblar si te marchas
con mi carta a otro buzón.
La quiero libre de mácula,
tan limpia como ninguna,
tan sucia como desee.
La quiero con mucha gente,
pero no a todas horas,
que las calles muchas veces
también precisan dormir.
Yo quiero mi nombre en una calle,
pero que sea para siempre,
para después, si regreso,
que sepa cuál es mi casa,
que como buen refugiado
necesito mis paredes,
el aliento de mi sombra,
alimento cada día,
saber que si me canso,
en buen sitio tendré asiento,
y después, por la noche,
una almohada que me cante.
Yo quiero mi nombre en una calle,
de una pequeñita,
que tal vez sea la tuya,
para que, cuando me nombres,
también sepa ir a buscarte.

ME CONFORMO

Me conformo con todo,
que la nada ya me aburre,
y no quiero más felicidad,
que la que pueda aguantar;
que los diques no son fuertes,
ni las espaldas tan anchas,
y Roma no llevó un día,
ni América un despiste.
Me conformo con tener acciones en el alma
y dinero en los colchones;
que los bancos son vampiros,
y entre un banquero y un barquero
yo me quedo lo segundo
y destierro lo primero,
por pirata y por ateo;
que los créditos son tenias
que conquistan tus bolsillos,
y por mucho que aflojes,
no se acaban de pagar,
y eso lo saben las ratas,
que te transmiten su rabia.
Me conformo con la vida,
aunque a veces no la entienda,
aunque me venzan sus prisas
y me agobien sus deudas,
que lo otro ya me espera,

y aunque me busquen atajos,
yo le engaño con las zarzas,
que tendrán sus espinas,
pero dicen la verdad,
y también tienen sus frutos,
que si los coges con tino,
hasta te pueden gustar.
Me conformo con esto,
que hay quien no tiene nada,
que se agarra a su sombra
y le vale lo que baila,
y los demás somos pobres
que, teniendo de todo,
no lo saben apreciar.

LA LUCIDEZ

La lucidez es un bien escaso,
como el agua,
como la risa,
como la madurez,
que una vez me visitó
y huyó despavorida,
y desde entonces
la busco en objetos perdidos,
donde una vez me encontré,
sin demanda ni etiqueta,
que no es lo mismo perderse
a que te olviden,
que es otra forma de muerte,
que no requiere epitafio,
ni frases solemnes,
ni estudios,
ni agonías,
ni jerarquías,
y aún no han venido a buscarme,
y lo espero cada día.
La lucidez está enfadada con el mundo,
porque no la entienden,
porque usan su nombre en vano
y no quiere mandamientos,
ni libros sagrados,
ni sangres,

ni filisteos,
porque transita desiertos
con cantimploras con agujeros,
porque se hermana con cactus
huérfanos de espinas,
y odia los oasis de verdes palmeras
y aguas compartidas.
La lucidez se suicidó ayer
saltando desde su sótano,
y nadie reclamará su cadáver,
ni el maquillaje apropiado,
ni ataúd de puerta abierta,
ni un velorio con pastas,
que es lo que tiene el destierro,
que precisa soledad.

SI LO SÉ NO VENGO

Si lo sé no vengo,
ni aunque sea desde tan cerca,
si nadie lo va a valorar,
si ni siquiera me importa,
que si no me quieren,
no sé lo que hago aquí,
y si no me quiero ni yo,
cómo va a quererme nadie.
Si lo sé no vengo,
con lo caro que está todo,
con la tarjeta en el filo,
con la ranura oxidada,
de tanto penar por nada,
con tan poco que ofrecer,
que no me alquilan ni esa esquina,
que anteayer era de otro que tampoco la pagó,
porque él sí que se casó y tenía padrino,
y su suegro le invitaba a copas,
y a su suegra le gustaba;
otra cosa era su hija,
que al final se fue con otro,
pero eso es cosa de la vida,
que le gusta ir por libre,
y si te encaja, genial,
y si no, pues te jodes.
Si lo sé no vengo,

si no pego ni con cola,
si ni siquiera hay piano,
si la bebida es sin alcohol
y las copas son de pega,
si mi amigo es alquilado
y no recuerda mi nombre.
Si lo sé no vengo,
que no elegí la música,
pero me toca bailarla,
y me saca la más guapa,
y además es relativo,
pero esa no me gusta,
que tal vez sepa besar,
pero nunca es de verdad.
Si lo sé no vengo,
pero es que me obligaron,
pero yo no sé marcharme
y ya no quedan taxis,
ni me sé mi dirección,
y de pasta ni te cuento,
y las farolas no alumbran,
y total, para dormir solo,
me vale este banco,
que no me exige el préstamo,
que se adapta a mis demandas,
que no puede fusionarse,
y si quieres despertarme,
no me des un beso,
que tengo los labios secos;

hazme una promesa
que no pueda recordar,
y después, si no la cumples,
te voy a seguir queriendo,
porque tú me hiciste caso,
y no hay final mejor,
aunque sepas cómo acaba,
y aunque la hayas visto antes,
nunca es la misma película.

Insomnio

Quién quiere dormir,
si para eso está la muerte,
que siempre te ofrece tratos
que va a acabar por cumplir.
Quién quiere dormir,
si es el sueño más profundo
el que acecha en cada esquina,
que compite por tu aliento
y te roba la cartera,
y tú sabes quién ha sido,
pero te callas la boca,
que es por donde muere el pez,
que aunque tenga agallas,
siempre se clava el anzuelo.
Quién quiere dormir
con tanto por vivir,
con tan poco por soñar,
con legañas en los ojos,
con el rostro demudado,
con la brisa de costado,
con los pies encadenados,
con el colchón deshinchado,
con tu nombre en cada calle
y los carteros en huelga.
Quién quiere dormir
si perdí lo que tenía,

y no disfruto lo que tengo,
si no sé si eso me convierte
en un pobre hombre
o en un hombre pobre,
ni siquiera si es lo mismo,
ni siquiera si me importa.
Quién quiere dormir
con este sol de justicia,
con las persianas bajadas,
con los párpados subidos,
con las pestañas cansadas,
con las manos vacías
y los puños apretados.
Quién quiere dormir,
si no sueño contigo,
si al final besas a otro,
si no pagué mi entrada,
si la obra está empezada,
y no me dejan entrar.

Cambio horario

Yo no puedo vivir con este jet lag,
si confundo meridianos,
si entre huso y huso se me cuela la desgana,
que me cierra esas puertas,
que no me atrevo a cruzar;
si te veo en ese espejo
y me gustas mucho más,
pero no te lo diré,
porque me duele el rechazo,
aunque si me dices sí,
me asusto más todavía,
y piernas, para qué os quiero,
si nos separa un mar
que para unos es tumba,
para otros autopista,
para mí una quimera,
para el resto su negocio.
Tengo sueño atrasado
de no dormir contigo,
de soñarte sin saberlo,
de llenar cestos de agua
que regará las aceras,
que no tienen tanta sed,
pero tragan enseguida,
y yo me quedo a dos velas,
con los labios tan secos

que no debo sonreír,
porque después queda huella,
y no es eso lo que quiero;
otro asunto es el carmín,
que también deja su marca,
y si también es roja,
yo ya no sé distinguirla.
Déjame dormir un poco más,
y no bajes las persianas,
que lo oscuro me desvela,
la claridad me consuela,
y la sombra de esa hoja
también contiene tu rostro,
que es el mismo de ayer,
pero mira de otro modo,
y con eso yo me quedo,
que si me ves como quiero,
el futuro me compensa.

YA NO ME GUSTA EL OTOÑO

Ya no me gusta el otoño,
y no es por hojas caídas,
ni por dedos mal contados.
Ya no me gusta el otoño,
¡y por Dios que me gustaba!,
con sus colores tan muertos
y sus vivas agonías,
con sus frutos agostados,
con sus uvas tan prietas
que presagian el invierno,
que presienten la cosecha
de las cosas no contadas.
Ya no me gusta el otoño,
con su savia retenida,
con sus ramas tan cansadas
de sostener el verano,
con el tiempo tan esquivo,
que se escurre entre los dedos.
Ya no me gusta el otoño,
con la lanza en el costado,
con su lavado de manos,
con la vacuna en camino,
y el aliento secuestrado.

CERRADO

Cerrado por despido,
por ausencia de armonías,
por rebelión de cerraduras,
cansadas de ser violadas;
que no están hechas mis estrías
para tus aspiraciones;
que uno aspira a lo más alto,
aunque al final se quede en nada;
que la nada es una opción
y el todo una utopía,
tan lejana como el mar.
en algunas latitudes,
como la costa si te ahogas;
que la reseca siempre llega y nunca te salva;
que una cosa es ser borracho
y otra náufrago,
aunque todo es lo mismo,
igualado por deceso,
y lo demás son herencias,
testamentos, peleas,
desigualdades, huidas,
testaferros;
que qué tendrá lo parejo
que te deja en la estacada,
sin grúa que te salve,
sin cláusula a que agarrarse;

que los seguros son lobos
que esconden los prefijos
entre la letra pequeña,
que perfilan intenciones,
que ansían renovaciones
sin cumplir lo estipulado.
Cerrado por erradas decisiones,
por demoliciones pospuestas,
por amores equivocados,
por poner flechas en detenidos corazones;
que Cupido también es sordo
y no puede leer los labios,
y no se atiene a razones.
Cerrado por decisión propia,
tras procesar las ajenas,
que una cosa es lo que quiero
y otra lo que nos dejan,
que aunque figure un margen,
nos quedamos sin arcén,
y por ahí nos despeñamos.
Cerrado hasta nueva orden,
aunque estemos dentro,
esperando el rescate
que conceden a los bancos,
que nos niegan a nosotros,
que siempre ha habido clases
y eso es lo que hay,
y si quieres lo dejas,
pero siempre lo tomas,

porque está en ese contrato
que te negaste a firmar,
pero que tiene tu rúbrica,
y por eso sellas sellos,
besas suelas,
pagas deudas,
mueres a plazos;
que después, cuando te marches,
otros pagarán tus deudas,
que los préstamos son ruinas,
y las ruinas sepulturas.

ANIMALES NOCTURNOS

Los animales nocturnos
no es que no quieran el día,
es que prefieren la noche,
que es cuando se quedan solos
y hacen lo que ellos quieren,
sin miradas indiscretas,
sin pupilas entreabiertas,
sin ventanas a la calle,
con los sentidos alerta,
con susurros infundados,
con la vista siempre puesta
en aquello que más duele,
que sin dolor no hay gozo
y sin gozo agonía.
Los animales nocturnos
tienen los ojos grandes,
el corazón en la urbe,
las entrañas en las nubes,
el aliento en los campos,
que les sirven de alimento,
y si se quedan con hambre,
para eso está lo que sobra,
que algunos llaman despojos
y otros supervivencia,
que todo tiene dos caras,
para otros dos cruces,

que la arena y la cal
no siempre se llevan bien,
aunque tengan el agua de aliado,
que siempre toma partido
y no suele ser contigo.
Los animales nocturnos
no es que padezcan insomnio,
es que no quieren dormir,
que la vida es un suspiro
y la noche siempre es negra,
excepto en aquellos lares
que poseen su septentrión,
que es una cosa de nortes
que pelean con sus brújulas,
y por eso, lo imanes
siempre están decepcionados,
y cuando llega el invierno,
ellos pagan las facturas,
y no es que tengan dinero,
es que está en el guion.
Los animales nocturnos
besan el suelo que no pisan,
se alían con luciérnagas fundidas,
con bombillas hiperactivas,
con contadores ávidos de lecturas erróneas,
con la pelota en tu tejado,
con tu cansancio infinito,
con tus ganas de seguir.

FIDELIDAD

¿Quién quiere fidelidad,
si a ella aspiran altavoces,
que te costará pagar;
si la distorsión siempre aparece
cuando menos te lo esperas,
y no es cosa de botones,
ni de marcas,
pero sí de condiciones?
¿Quién se fía de las musas,
si siempre son tan esquivas
y tienen nombres tan raros,
que no podrás recordar,
y se ríen de su sombra,
despreciando la tuya,
que espera su cénit
para poderse ocultar?
¿Quién pretende para siempres,
si eso es mucho tiempo,
y no sabes de tu suerte,
ni en qué esquina la perdiste?
¿De qué te sirve ser fiel
en una carretera de único sentido,
si te engañas a ti mismo
y te sirven tus excusas?
¿Quién persigue amaneceres,
si la noche siempre llega

y nunca como tú quieres,
y después, si te despiertas,
ya no recuerdas quién eres?
No me pidas que sea fiel,
que no lo soy ni a mí mismo,
y de tanto engañarme,
ya no distingo fronteras,
que si he llegado hasta aquí,
no es para quedarme,
es para hacerlo mejor,
y en eso soy vagabundo
y dependo de limosnas,
de los bancos de los parques,
de los restos de un banquete
al que no quise asistir,
que eso es cosa del olfato,
y ando escaso de sentidos,
que tampoco sé nombrar.
Quédate conmigo,
aunque aún no te conozca,
aunque sea solo un rato,
aunque luego se te olvide,
que después te haré reír,
y eso libera endorfinas,
que no te harán más feliz,
pero son un gran tesoro,
si distingo tu sonrisa
entre tanto estercolero,
y estoy huérfano de flores
que precisen mis cuidados.

CICLOS

Todo tiene su ciclo
y también su momento,
y no es cosa de medidas
ni aspiraciones,
ni de aires contenidos,
solo de colofones
y de entender las señales,
y también a los barrancos,
que no desean que caigas,
para no rebosar,
y eso lo saben los vasos,
que se aguantan las ganas de llorar,
que duermen boca abajo,
siempre en fila impar,
a tresbolillo instalados,
para poderse escuchar.
Y también los globos,
que siempre parten del suelo,
y eso que tienen ganado,
que alegran las reuniones,
que destiñen si les miras,
que aspiran a lo más alto,
sin pensar en los pinchazos
que les puedan alterar,
y no es cosa de nudos,
solo de ombligos,

que inventaron para ellos
para poderlos frenar,
que acotaron sus espacios,
que les permiten flotar.
Yo quisiera ser un globo,
de los menores,
atado a un cabo que se pueda desprender,
y buscar horizontes con ojos ciegos,
con mentiras de colores,
buscando cielos limpios,
que me quieran contener,
y visitar galaxias oxidadas,
agujeros blancos,
estrellas vivas,
anillos sin compromiso,
satélites de renta antigua,
planetas desheredados,
túneles con vientos que sepan silbar
las canciones que me gustan,
que aunque me sé las letras,
prefiero tatarear.
Yo no quiero ser un ciclo,
quiero saber terminar
de la manera más digna
y volver siendo ya otro,
al que tal vez, si le buscan,
le puedan encontrar.

ATAJOS

Los atajos son cosa de vagos,
que prefieren caminos cortos,
y no por falta de fuerzas,
sino de voluntades.
Los atajos de verdad son más largos,
porque esconden trampantojos,
risa tendida en puentes colgantes,
que reniegan de sus cables,
que no miran al vacío.
Los atajos son esa salsa que te atrae,
pero no te acaba de gustar,
pero la sigues probando
y nunca te sabe igual,
un agujero de gusano,
un gusano en su agujero,
en su manzana podrida,
al que el tiempo le da igual,
si no lo puede medir,
y además es relativo.
Los atajos no los tomas,
ellos te eligen a ti.

DESPEDIDA

Esto es para ti,
personal e intransferible,
que me cansé de los versos
y de los nichos vacíos,
y de tanto duelo al sol,
sin su crema protectora.
No te lo hago llegar,
porque sé que las hogueras
no se deben avivar;
necesitan combustible,
y el nuestro ya se extinguió,
y tal vez en otros tiempos
resuciten los estratos
de lo que una vez fue,
sin llegar a serlo nunca,
y les sirva de alimento,
y reflote economías.
Ya puse final al prólogo,
que es lo único que escribimos,
y siendo poco camino,
a mí se me hizo muy largo
sin el calzado adecuado.
Y con este colofón,
yo ya cierro este capítulo,
que no habrá segunda parte,
porque murió el escribano,

y no tuvo un buen duelo,
ni yo un buen despertar,
otra cosa es lo que sientas,
que nunca lo contarás.
Que te vaya muy bonito,
lo digo de corazón,
porque fuiste muy importante,
y con eso yo me quedo;
que no hay África sin sol,
ni rap sin su melodía,
aun siendo reiterativa,
y aunque quiera una secuela,
sé que aquello se murió,
y a otra cosa mariposa,
aunque yo sea una crisálida
que le cuesta madurar.

ALGO MÁS PARA RECORDAR

¿Qué tendrá la felicidad
que solo se la reconoce cuando se marcha;
que necesita espacios grandes para respirar,
pero muere en un resquicio;
que te ahoga con lágrimas invertidas;
que no lleva cordones,
porque siempre va descalza
y se clava los cristales de las buenas intenciones?
¿Por qué miramos las fotos
que guardamos en cajones
que cuando abrimos nos estallan en la cara,
que siempre son extraños,
aunque seamos nosotros?
¿Quién quiere algo más para recordar,
si aún nos queda este presente,
que aunque no sea el que soñamos,
es el que nos ha tocado?
No le digas al futuro lo que tiene que hacer,
que te lleva la contraria,
porque tiene mal carácter
y todo el tiempo del mundo.

HOY ME SIENTO CUTRE

Hoy me siento cutre,
y mis razones tendré.
He robado crisantemos de aguas limpias,
he bailado sobre tumbas
que no podré pagar,
y nadie me ha detenido.
Hoy me siento cutre,
y he visitado ciudades
que no querrán acogerme,
porque ya las visité,
siendo otro,
hace algunos años luz,
porque mis velocidades
no coinciden con las tuyas,
y hay agujeros de gusano
que no saben hacer seda,
y eso es lo que les condena,
a quedarse como están,
y si he de serte sincero,
ni siquiera me he movido;
todo fue tan virtual
como aquellos pasodobles
que bailaron mis abuelos,
que aunque no los conocí,
me enseñaron esos pasos
que ahora bailo con mis gatos,

que me miran extrañados,
como si no fuera yo,
siendo ellos tan suyos,
que me buscan cada noche
para que les dé calor,
y es mi fuente de alimento,
yo que como a cada poco,
sin mirar lo que mastico,
sin masticar suficiente,
sin temor a atragantarme,
porque si yo me maldigo,
a la muerte no le atraigo.
Hoy me siento cutre,
y fue igual que ayer,
como lo será mañana,
porque hay cosas que no cambian;
unos lo llaman rutinas
y yo ni siquiera las nombro,
que prefiero carantoñas,
sentirme tan bien querido
que no sepa responder,
y parecer antipático,
quedarme siempre a medias,
entre tu todo y mi nada,
saber que si me adormezco,
alguien vendrá a despertarme.

ZOO

Nos han abierto las jaulas,
pero nadie se ha escapado,
porque nos gustan los barrotes,
si no están de nuestro lado.
¿Para qué quiero libertad,
si no la puedo pagar,
si estoy mejor encerrado,
si da igual Praga,
que Berlín,
que tu Casa de Campo?
Porque después de un bombardeo,
nada vuelve a ser lo mismo,
que aquel solar era mi casa
y ahora es una zona cero
que se disputan los buitres,
que se pelean entre ellos.
No me busques pareja,
que me cuestan los acuerdos,
que no quiero dejar huella,
que no deseo más legado,
que el que dicte mi partida,
que si no quepo en el arca,
para qué quiero un diluvio,
si esa ramita de olivo
no me estrenará las manos;
si cada vez que me doblo,

nunca me parto del todo;
que yo no quiero ser junco,
ni madera carcomida,
ni termita destructora;
que me basta con ser yo,
que ya me han buscado un hueco
en la parcela de al lado,
que no parece un buen sitio,
pero al menos es tranquilo,
y si vas a visitarme,
no te ofendas si no salgo.

Accésit de poesía en la 37ª edición del
Certamen Literario «Manuel Vázquez Montalbán»
(San Fernando de Henares, Madrid).

Sobre el autor

Como un ser humano o, al menos, vivo, de momento, talludito por desgaste, pero no por intenciones, Jorge A. Freire se considera un escritor compulsivo, un incontinente verbal, que se jacta sin motivo de no pensar lo que dice, mucho menos lo que escribe. Tiene un asunto pendiente consigo mismo, pero no sabe cuál es. Por eso, da puntadas sin hilo, golpes de ciego, volantazos sin sentido, en busca de esas revelaciones que suelen elegir otros depositarios. Y por eso no halla lo que encuentra, porque no sabe lo que busca y no está seguro de saber reconocerlo si lo hiciera.

Y entre tanto desvarío, publica Bazar, la tercera parte de una trilogía, supuestamente poética, que no arroja luz sobre ninguna oscuridad, pero que convierte en luciérnaga intermitente a todo aquel que se atreva a leerlo, con la esperanza nada fundada de no sentirse grano de arena huérfano en cualquier desierto que merezca ese sustantivo. Y si no consigue sus objetivos en este mundo, lo hará en otro, pero como decía un famoso autor, que sí que sabía escribir, «esa es otra historia y deberá ser contada en otra ocasión».

Índice